Bienvenue à

Les contraires!

Combien en connaissez-vous?

MÉCHANT

GENTIL

ENDORMI

ÉVEILLÉ

FACILE

DIFFICILE

FROID   CHAUD

FRÈRE

SOEUR

DANS   DEHORS

DESCENDRE

MONTER

FAIBLE

FORT

DONNER

RECEVOIR

EN HAUT

EN BAS

BRUYANT

SILENCIEUX

COURAGEUX

PEUREUX

TRAVAIL   JOUER

LÉGER

LOURD

HEUREUX   FÂCHÉ

AU DESSUS

EN DESSOUS

SALE

PROPRE

CLAIR

SUCRÉ

ACIDE

PLEIN

VIDE

LENT

RAPIDE

SEC

MOUILLÉ

HUMAIN ANIMAL

DUR

MOU

ÉMOUSSER POINTU

VIEUX   JEUNE

GRAND

PETIT

POUSSER

TIRER

RÉPONSE

1 + 2 + 3 = 6

QUESTION

GARÇON FILLE

ENSEMBLE   À PART

DERRIÈRE

DEVANT

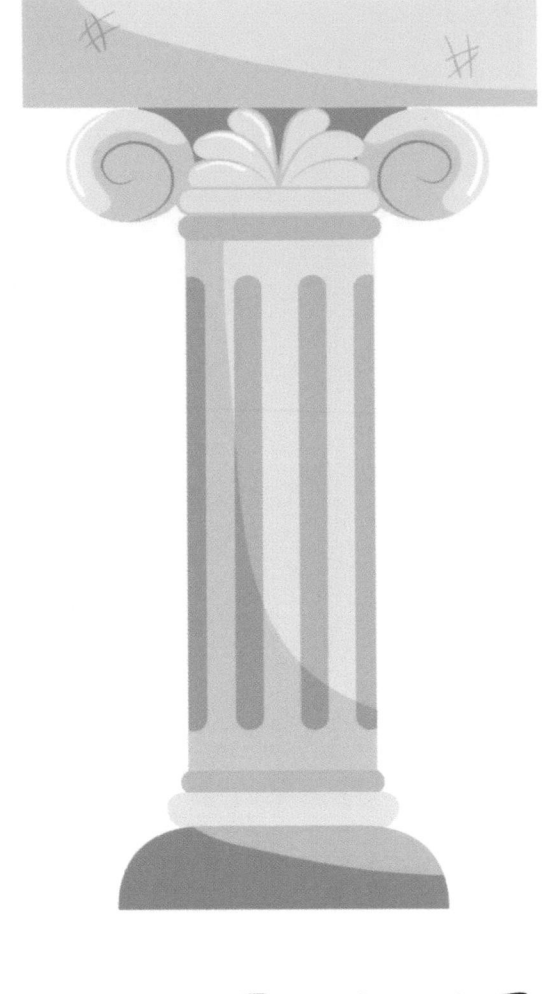

ANTIQUE
MODERNE

SÉRIEUX

DRÔLE

SE LEVER

TOMBER

LONG   COURT

Autres livres disponibles

LA FIN!

Printed in Great Britain
by Amazon